# UN FRANÇAIS

## A

## SES COMPATRIOTES.

Je ne reconnaîtrai pour authentiques
que les exemplaires qui porteront ma si-
gnature , et je poursuivrai les contre-
facteurs.

IMPRIMERIE DE J.-B. IMBERT.

# UN FRANÇAIS

## A

## SES COMPATRIOTES.

> Nous devons oublier que nous avons été les maîtres du monde ; mais malheur à qui se mêlerait de nos affaires !
> (*Proclamation de l'Empereur.*)

## PARIS.

**ALEXIS EYMERY, LIBRAIRE,**

RUE MAZARINE, N° 30.

ET A COLMAR, CHEZ PANNETIER, LIBRAIRE.

1815.

# UN FRANÇAIS

## A SES COMPATRIOTES.

Un citoyen étranger au secret des cabinets, ignore si son pays est ou non menacé de la guerre ; il n'a pour juger l'avenir que des articles de journaux, le plus souvent mensongers. Si ces journaux menacent, ce n'est point un signe certain que la guerre se fera ; c'est seulement une raison de croire qu'elle pourrait avoir lieu.

Les gazettes allemandes font marcher quatorze cent mille hommes. A les entendre, une coalition nouvelle et générale veut envahir notre territoire. Français ! quelle serait la réponse des souverains

alliés si nous leur demandions ce qu'ils
veulent de nous? Leur patrie est-elle me-
nacée? nos armées, oppriment-elles la liberté germanique? portent-elles la dévas-
tation et le carnage au cœur de l'Espagne?
nos drapeaux flottent-ils sur les tours du
Kremlin? Non : nous voulons un souverain de notre choix, et notre choix ne suf-
fit pas pour sa légitimité! Nous ne voulons
pas que l'on avilisse notre gloire militaire,
et notre gloire militaire est une insulte à
ceux qui ont été vaincus pendant vingt-
cinq ans! Ils ont acheté à la porte de Paris
le droit de nous opprimer, et c'est ce droit
qu'ils réclament. Ils veulent rayer du nombre des souverains celui dont le nom seul
leur inspire l'effroi; ils veulent que la
grande Nation s'abaisse au point d'être to-
lérée et non représentée au congrès; et
sous prétexte de ramener sur le trône une
dynastie que la force des circonstances en
a renversée, ils nous ramènent la guerre.
Qu'ils tremblent de la faire! Nous avons
deux cent mille braves de plus, et quel-

ques traîtres de moins ; nous avons à les punir de leur insolent orgueil. La nation a rappelé son Empereur, la nation le défendra. Ce n'est plus une armée trahie dans ses rangs même ; ce n'est plus une défection d'Yorck, une déroute de Leipsick. Il n'y a plus de découragement dans le peuple ; il ne craint plus l'ambition de son chef, il déteste le joug de l'étranger. Il y a un an l'Europe entière succombait sous les efforts de soixante mille braves exténués : quelles seront aujourd'hui ses espérances ; aujourd'hui qu'il faudra payer ces avantages de son sang, et non comme on les payait l'année dernière ; aujourd'hui que l'enthousiasme a remplacé le découragement, et qu'une armée formidable brûle du désir de venger les outrages qu'on lui a prodigués !

Reportons nos regards sur le passé ; nous verrons de siècle en siècle les progrès de la raison et des idées libérales préparer leur triomphe et la révolution française ; nous verrons le pouvoir absolu cédant à chaque

instant, et toujours avec regret, une partie
de son empire. Ainsi disparurent peu à peu
la servitude et le régime féodal : enfin ,
dans le siècle dernier, Voltaire, Montes-
quieu, Rousseau ont réclamé les droits de
l'humanité. Les nations ne sont plus des
troupeaux, les citoyens ne sont plus des
sujets ; ils sont une partie de la grande
société. Cette société n'est pas le patrimoine
de telle ou telle famille ; elle peut changer
ses souverains lorsqu'ils ne lui conviennent
plus ; car les souverains ne règnent que
dans l'intérêt des peuples, et ne sont que
ses administrateurs.

Ces principes méconnus ont causé la révolution. En vain une classe privilégiée
voulut soutenir le vieil édifice de la monarchie ; le vieil édifice l'écrasa sous ses
ruines : en vain l'Europe entière voulut
envahir la France ; ses armées périrent, et
la France fut plus puissante que jamais,
non de cette puissance qui détruisit l'Empire du grand Frédéric, qui renversa tous
ceux qui la menaçaient, et ne s'arrêta

qu'aux bornes de l'Europe ; mais de cette puissance qui faisait couler le Rhin sur ses limites, prenait les Alpes pour barrière, et faisait retentir les cris de *liberté* depuis l'Océan jusqu'à la Méditerranée. Ah ! ces cris de *liberté* partent du fond du cœur de l'homme ! Jeune encore je les entendis répéter sur cette rive du Rhin qui fut si long-temps associée à notre gloire. C'est le mot de *liberté* qui fit des Français, des compatriotes de ceux qui semblaient devoir nous combattre ; et c'est l'oppression sous laquelle ils gémissent aujourd'hui qui leur fait tourner vers nous des regards de désir et d'espérance. Prussiens, Anglais, tremblez de nous attaquer ! Vous êtes sur un volcan. La nation reprendra ses limites, les peuples de la rive gauche nous rappelleront. Ils ne sont point, comme vous le dites, la conquête de Napoléon ; ce n'est point lui qui planta le drapeau tricolore sur les clochers de Mayence ; ce n'est point lui qui vous chassa de la Belgique : Jemmapes, Fleurus sont les victoires de la nation et non les siennes; il en remporta de plus grandes, ses triomphes sont plus ré-cens. Vous entendez encore gronder l'artillerie qui mit vos légions en poudre, et vous vous unissez pour rejeter de la nation française le seul homme digne de la commander. Vains efforts! vous combattrez à la fois les soldats de Napoléon et les citoyens de 89 : le conquérant n'est plus qu'un premier citoyen, et tous les citoyens sont des guerriers.

J'ai prononcé le mot de *liberté*; j'entends déjà répéter que je suis un jacobin, un républicain. Hé bien! oui, je suis républicain; tout homme pensant l'est avec moi. Mais la France a fait une fâcheuse expérience des orages révolutionnaires ; elle est trop grande pour ne pas être gouvernée par un monarque. Si ce monarque accepte une constitution libérale, si ce monarque restreint son pouvoir, la France approchera le gouvernement républicain autant qu'il est possible qu'elle l'approche. Que nous manque-t-il pour être libres sous un chef né dans nos rangs, qui ne nous traitera point comme sa propriété? Que nous manquera-t-il pour être libres, lorsque tous les citoyens parviendront aux places; lorsque la pensée et la sûreté individuelle seront également garanties? La liberté est le feu sacré, l'Empereur veille à sa garde, et l'empêche d'embraser ceux qu'il éclaire.

J'aurais aimé Louis XVI avec la Constitution de 91; mais elle fut violée au moment même et par ceux qui l'avaient jurée. J'aurais aimé Bonaparte consul avec la Constitution de l'an 8; mais de nombreux sénatus-consulte l'ont dénaturée. Aujourd'hui le vainqueur, le conquérant, instruit par le malheur, reconnaît les droits de la nation; il l'appelle pour les mieux établir. C'est un hommage rendu à la sainteté des lois par le plus grand capitaine; à la liberté, par un monarque jadis absolu. Français, si vous répondez à son appel, si les plus éclairés et les plus intéressés au bien public se réunissent au Champ de

Mai, la guerre et la paix dépendront de vous, les ministres ne seront que les agens responsables du pouvoir, et votre Constitution ne sera plus une *grâce octroyée*, mais un pacte avec le souverain, une condition sans laquelle il ne régnerait pas.

Lorsque Louis XVIII revint, de toutes parts on demandait une Constitution ; mais les armées alliées couvraient la France ; il fut impossible de convoquer des représentans de la nation ; et comme il fallait bien que quelqu'un s'en mêlât, le sénat se hâta d'en improviser une. (1) Louis XVIII ne l'accepta pas ; mais il eut le tort de faire la charte lui-même. Les émigrés et les nobles ne cessaient de lui répéter qu'il était *le maître*, et que nous étions trop heureux d'avoir un *bon maître* : ainsi le Roi avait

---

(1) Il pouvait dire avec Oronte : *Au reste, vous saurez que je n'ai demeuré qu'un quart d'heure à la faire* ; et nous aurions répondu : *Voyons, Monsieur ; le temps ne fait rien à l'affaire.*

dans l'esprit des principes de tyrannie que son cœur réprouvait.

C'est à ces transfuges, à leur orgueil, à leur lâcheté, que les Bourbons doivent attribuer leur chute. Ils mendiaient les honneurs et les décorations, ceux qui avaient trahi leur patrie et appelé l'étranger dans son sein ; ils mendiaient les honneurs et les décorations, ces chouans qui, sous le nom de royalistes, détroussaient les voyageurs : ils portaient la croix des braves qui l'avaient gagnée au prix de leur sang. Ah ! qu'avaient-ils de commun avec la légende *honneur et patrie*, ceux qui étaient également étrangers à l'un et à l'autre ? Qu'avaient-ils de commun avec la légende de la croix de Saint-Louis, ceux qui n'ont pas su défendre Louis XVI, et qui, selon l'expression d'un écrivain célèbre, *sont rentrés derrière les bagages de l'armée ennemie ?* Malheureux Louis XVIII ! ils vous promettaient leurs bras lorsque vous cédiez à leurs importunités, et pas un ne s'est rallié autour de ce trône qu'ils obsédaient durant

votre prospérité. Véritables sangsues pu-
bliques, ils obtenaient des pensions; et le
modique revenu de la Légion d'honneur,
que le père de l'armée avait fait entrer dans
le calcul de l'existence des braves hors de
combat, était refusé aux malheureux soldats. L'honneur, l'existence de la nation
étaient compromis. En vain la charte ga-
rantissait les propriétés; cinq millions de
citoyens voyaient leurs fortunes menacées
par les prétentions des émigrés. En vain
les places étaient ouvertes à tous les Français, puisqu'il fallait avoir trahi son pays
autrefois pour le servir aujourd'hui; en
vain le gouvernement provisoire avait dé-
cidé que l'on n'insulterait pas au gouvernement de Napoléon, puisque tous les jours
des folliculaires à gage faisaient un crime
aux bons citoyens d'avoir servi leur pays.

Français, vous avez vu l'ennemi porter
un pied sacrilége dans votre capitale; vous
avez vu des hommes indignes d'être citoyens suivre avec acclamation les souverains alliés; vous avez vu ceux que l'Em-

pereur avait comblés de biens lui prodiguer l'insulte et l'outrage. Que le sens des expressions était changé! L'usurpateur était celui que la nation avait choisi; le souverain légitime était dans les rangs ennemis; celui qui nous conduisait à la victoire était un monstre ivre de sang; ceux qui appelaient la destruction sur notre patrie étaient nos libérateurs; nos théâtres retentissaient de leurs éloges, et d'infâmes couplets contre le héros qui nous est rendu. Détournons les yeux de ce spectacle d'horreur. L'inflexible histoire ne condamnera pas une nation parce qu'elle renfermait quelques mauvais citoyens et quelques hommes ingrats; laissons-les se rouler dans la fange, jeter les yeux sur Fontainebleau. Cet homme dont on blasphème le nom, cinquante mille braves l'entourent encore : qu'il dise un seul mot, ils partageront sa fortune. Les vainqueurs d'Austerlitz, de Jéna, de la Moskowa, pressés autour de lui, peuvent vous punir d'avoir oublié leurs victoires au point de vous dire les alliés de ceux qu'ils ont chassés devant eux comme le vent dissipe la poussière. Qui vous dit que le sang des traîtres ne lavera point la fange dont ils nous ont couverts? Mais non, rassurez-vous : celui que vous insultez dépose sa couronne. En vain lui dit-on que Paris n'est point la France, qu'il est entouré de braves : il dégage le peuple de ses sermens, il s'arrache à ses soldats. O mes concitoyens! c'est celui qui le premier s'élança sur le pont de Lodi, c'est ce jeune héros qui conduisit la victoire des bords du Nil aux rives du Jourdain. Austerlitz, Friedland n'avez-vous donc vu fuir nos ennemis que pour mieux nous humilier? La capitale est tombée au pouvoir de l'étranger, et des commissaires anglais entraînent Napoléon loin de ses soldats, qui s'éloignent avec douleur du compagnon de leurs fatigues et de leurs dangers, et, sans être vaincus, renoncent à la victoire. Rentrez dans vos foyers, braves guerriers; l'habit que, j'espère, vous porterez toujours, nous rappelle, avec le souvenir de vos grandes

actions, qu'il est encore des Français dé-
positaires de l'honneur de la nation, et
dignes de le transmettre aux Français à
venir.

Qu'avons-nous éprouvé depuis? ce qui
devait arriver sous une domination im-
posée par l'étranger. On prodiguait les
outrages au héros de la nation, son abdi-
cation était appelée une lâcheté, et l'on ne
réfléchissait pas qu'elle nous épargnait la
guerre civile, et qu'elle était son dernier
bienfait : ses adieux déchirans à l'aigle
victorieuse étaient traités de faibles larmes, et l'on ne sentait pas que vingt ans
d'union et de triomphe nous attachaient
à Bonaparte. A peine la garde est-elle re-
venue, des Suisses et des émigrés pren-
nent la place qu'elle devait occuper. On
met à demi-solde la moitié de notre armée
et l'on soudoie des soldats étrangers. (1)

______________

(1) On renvoyait dans leurs foyers des officiers
qui servaient depuis vingt-cinq ans, et on en

Nos vétérans dans leurs foyers n'ont plus de part aux assemblées politiques, nos soldats sont privés d'une partie de leur modique existence ; des traîtres qui ont fui de nos rangs sont les historiens de nos campagnes, et l'honneur national est outragé dans leurs écrits. Dix-neuf ans de victoires sont dix-neuf ans de révoltes, nos assemblées nationales des repaires de brigands. La liberté des cultes est traitée d'irreligion, notre état civil est soumis à un prêtre étranger ; on nous fait remonter au treizième siècle, on veut faire en un an ce qui ne pourrait réussir qu'avec peine dans un avenir très-éloigné. Mais le torrent qu'on arrête un instant par de faibles digues se précipite plus impétueux, il entraîne avec lui tout ce qui s'opposait à son passage.

––––––––––––––––––––

appelait qui n'avaient pas servi depuis vingt-cinq ans. C'était le moyen d'avoir des militaires plus reposés.

Oui, sans doute, si Napoléon n'avait plus existé, une révolution plus sanglante que la première vengeait la nation outragée. Je te rends grâce, ô Providence ! l'esprit de vertige que tu inspirais à cette caste privilégiée l'a rejetée dans l'abjection dont elle s'était momentanément relevée : c'est en outrageant notre gloire, ce que nous avions de plus cher, qu'on a tourné nos désirs vers un homme auquel nous reprocherions encore des fautes (1) si on ne lui avait reproché ses vertus ; c'est en nous parlant des victoires des alliés qu'on a porté nos regards vers le vainqueur de ces barbares ; c'est en appelant Bonaparte usurpateur qu'on nous a rappelé qu'il était le souverain de notre choix. Oui, je te rends grâce, Providence : si tu n'avais jeté cet esprit de vertige sur les ennemis de la

---

(1) Il est impossible, quand on ne connaît pas les plans d'un souverain, de juger s'il a fait des fautes ou non.

B *

patrie ; s'ils avaient mis plus de ruse dans leur conduite , la France malheureuse long-temps et long-temps opprimée , n'aurait repris ses droits que par une commotion terrible ; son héros aurait péri peut-être victime de la déloyauté du congrès. Que les Rois lui reprochent aujourd'hui d'avoir violé les traités ! Depuis quand un con-trat est-il obligatoire quand l'un des contractans manque à ses obligations ? N'a-t-on pas publiquement menacé de faire sortir Napoléon de l'île d'Elbe après lui en avoir garanti la souveraineté ? Le Roi de Rome a-t-il eu Parme et Plaisance ? Le prince Eugène est-il compté parmi les souverains ? N'a-t-on pas menacé l'Empereur de casser son mariage ? N'avons-nous pas frémi d'indignation lorsqu'on a voulu flétrir notre souveraine du titre de Reine de Prusse ? Et depuis quand ce qui était un crime pour Bonaparte est-il une vertu pour vous ? Quoi ! l'Impératrice Joséphine était un obstacle à la légitimité de son mariage avec Marie-Louise , et vous ne craignez point de lui enlever son épouse après la mort de celle dont l'existence seule faisait obstacle à cette légitimité ! Vous ne craignez point de faire passer dans un autre lit l'épouse d'un souverain ! N'est-il donc que les Rois légitimes qui puissent violer la religion et se jouer des traités ? Grand Dieu ! pouvez-vous prononcer sans rougir le mot *légitime* ? Elle était donc légitime la trahison d'Yorck ? elle était légitime la défection des Saxons, qui tournèrent contre lui les armes qu'ils en avaient reçues ? Elle était légitime la violation du traité de Châtillon fait avec le roi Joachim ? Le partage des peuples par têtes d'hommes ou de troupeau était légitime ? Français ! voilà comment les alliés savent vaincre et user de leur conquête ; ne vous étonnez plus si on vous a ramené des hommes que leur égoïsme et leur lâcheté avaient banni du sol natal ; ne vous étonnez plus si malgré les efforts d'un bon Roi vous avez été avilis, si vos droits ont été méconnus. Les insensés ! ils effaçaient jus-

qu'à l'effigie du grand homme. Ah! qu'ils
jettent dans la Seine les ponts qui rappel-
lent le souvenir de ses exploits ; qu'ils dé-
molissent les arcs de triomphe, c'est le
*tyran* qui les a élevés; qu'ils comblent les
canaux et les fontaines, c'est lui qui les a
fait couler, ce sont là les N qu'il fallait
effacer, alors ils auraient pu le représen-
ter aux générations futures comme un
destructeur, un Atilla; mais la postérité
verra briller le flambeau de la vérité à tra-
vers la nuit des siècles, elle verra l'Empereur couronné de lauriers faisant fleurir
les arts dans sa patrie, elle le verra l'effroi
du monde, et s'écriera : Trop heureuse la
France qui a rappelé ce grand homme !

Ainsi, pendant que les souverains alliés
trafiquaient à Vienne du nombre d'âmes
qu'ils avaient à telle ou telle époque, la
France (à laquelle ils avaient, par une
proclamation datée de Francfort, garanti
*une étendue de territoire telle que jamais
elle ne l'avait eue sous ses Rois :* ) la France
gémissait dans l'avilissement. Elle figurait

à cette assemblée de Rois comme un vaisseau sans mât et sans gouvernail que l'on néglige de radouber; et l'on se disputait, sans la consulter, les lambeaux de l'Europe, au milieu des fêtes et des bals. (1)

Telle était la situation de l'Europe quand tout à coup volent de bouche en bouche ces mots : *Napoléon est débarqué, Napoléon est en France.* Les royalistes frémissent de rage, on réclame le bras d'une nouvelle Charlotte Corday, on fait à Bonaparte une guerre de journaux ; six cents braves font trembler cette monarchie débile, toutes les forces de l'Etat sont mises en mouvement. On prend des mesures désespérées ; les promesses, les menaces, les prières, on n'épargne rien. Cependant les lieux publics sont remplis de politiques empressés qui attendent l'arrivée du courrier : l'un espère lire dans le Moniteur du jour que Bonaparte est pris, l'autre qu'il

---

(1) On se rappelle ce mot du prince de Ligne : *Le congrès danse, mais il ne marche pas.*

est assassiné, un troisième nous affirme qu'il a pris la route d'Italie pour se joindre à *Murat*, et tandis que nos désirs lui tracent la route de Paris il la parcourt avec la rapidité de l'éclair; tandis que le Moniteur lui prend sa voiture et ses canons, nous apprenons qu'il est entré à Grenoble aux cris mille fois répétés de *vive l'Empereur!* tandis que le même journal nous le représente errant dans les montagnes avec une horde d'Allemands et de Polonais, nous recevons le journal du Rhône, et ces mots : *Enfin nous respirons,* nous font envier le sort des *Lyonnais*. Chacun voudrait y courir, chacun voudrait grossir l'armée de Napoléon; mais les royalistes nous entourent, la puissance leur appartient déjà, ils désignent parmi nous ceux qu'une imprudente joie a décélés.

Cependant l'Empereur a promis d'être à Paris pour le jour de la naissance de son fils, il y sera sans doute; a-t-il jamais manqué au jour indiqué pour la victoire? Mille obstacles encore peuvent l'arrêter, nos bons seigneurs les émigrés nous font espérer la guerre civile. Tantôt les journaux gardent un profond silence, tantôt ils nous disent que Bonaparte errant n'a plus que trois cents cavaliers. Ils nous le disent le 18, et le 19 les éclaireurs de Napoléon sont dans la capitale. Alors retentissent dans toute la France les cris de *vive l'Empereur! vive la liberté!* Il en était temps ; depuis trois jours nos regards inquiets cherchaient sur les clochers les couleurs nationales, et nos vœux appelaient celui qui devait nous sauver de la proscription. Enfin de faibles détachemens de la maison du Roi reçoivent les ordres de l'Empereur et rentrent dans leurs foyers, et de Lille aux Alpes, de Brest jusqu'au Rhin, Napoléon est reconnu. Il avait six cents braves il y a vingt jours, il en a maintenant trois cent mille, et la nation entière si l'ennemi met le pied en France.

Le 13 mars les souverains alliés, qui ne se doutaient pas des progrès que ferait Napoléon, donnèrent contre lui une déclaration fulminante. Que cette déclaration soit vraie ou fausse, les choses ont bien changé depuis le 13 mars. Il était facile alors de se mêler d'une guerre civile pour avoir occasion de demander ensuite quelques provinces. Mais qu'auront fait les souverains du congrès lorsqu'ils se seront convaincus que l'Empereur était plus affermi que jamais, que les armées étaient formidables, que l'esprit public était pour lui? Dans quelle situation se trouvent-ils placés? Tout ce qu'ils ont fait jusqu'à ce jour est à recommencer avec des chances bien différentes. Dans la dernière guerre ils ont profité du mouvement des peuples pour joindre à leur armée, sous le nom de landwehr, des individus qui, n'ayant plus à défendre leur patrie, s'inquiètent fort peu de savoir qui règne en France. La France, au contraire, craignait que l'on n'abusât de ses forces pour de nouvelles conquêtes; notre armée était épuisée, elle est reposée et animée du désir de se battre; la saison même, alors rigoureuse, était favorable aux hommes du nord, elle est maintenant dangereuse pour eux. Les intérêts des puissances se sont froissés au congrès ; une nouvelle coalition est impossible. Quand même elle aurait lieu, combien d'hommes les alliés pourront-ils nous opposer sur les quatorze cent mille qu'on leur donne si libéralement ? La Pologne restera-t-elle parfaitement tranquille, si les troupes russes l'abandonnent ? Ces troupes seront-elles bien reposées après avoir trois fois traversé l'Europe ? La Saxe recevra-t-elle sans résistance les ordres des commandans prussiens, s'ils ne gardent pas de soldats pour la contenir ? L'Italie est-elle bien devouée à l'Autriche ? Celle-ci n'aura-t-elle pas affaire au Roi de Naples ? Enfin la Belgique et les départemens du Rhin sont-ils franchement nos ennemis ? et si les souverains alliés ont à contenir tant de nations, la France aura-t-elle une si grande peine à les repousser ? Nous le repétons, la guerre n'est qu'une supposition ; peut-être le congrès apprenant la véritable situation des affaires, aura compris toute l'étendue du danger qu'il y aurait à nous attaquer : peut-être au moment où nous écrivons, les courriers de l'Empereur rapportent de Vienne des dépêches pacifiques.

La guerre est possible; mais ses résultats dépendent de nous. Quel est l'homme qui refusera de s'armer s'il réfléchit aux suites d'une guerre malheureuse? Si nous nous laissons vaincre, avec quel orgueil nous traiterons ces alliés qui se diront vainqueurs pour la seconde fois. Rappelez-vous vos villages incendiés, les produits de vos champs et de votre industrie prodigués aux soldats; vos parens maltraités, vos femmes outragées : et nous souffrirons deux fois cette humiliation ! Nous nous refuserions à des sacrifices momentanés pour subir à jamais le joug étranger ! Vous le savez, nos plus cruels ennemis sont au milieu de nous : ils se vengeront ceux auxquels nous ne daignons pas témoigner notre indignation; ils désigneront les

maisons des braves défenseurs de la patrie ;
l'incendie, la mort seront à l'ordre du jour.
N'en doutez pas, ceux qui n'ont pu fournir
de guerriers sont plus riches en bourreaux.

Tels sont les malheurs qui menacent les
provinces qui se laisseraient envahir. Ne
vaut-il pas mieux mourir les armes à la
main et d'une mort honorable, que de
périr ignominieusement dans ses foyers ?
Si vous courez au-devant du danger il
sera pour vous seul ; si vous l'attendez,
vos femmes, vos enfans y seront exposés
comme vous. Non, nous ne voulons point
conquérir, mais nous voulons repousser
l'agression. Peuple de la Franche-Comté,
de l'Alsace et des Vosges, l'Empereur a
compté sur vous ; sa confiance est un crime
aux yeux de vos ennemis ; votre allégresse à
son retour sera expiée par les grands châ-
timens. Défiez-vous de ces perfides qui
vous répètent que l'étranger ne vous fera
point de mal. Ce sont ces mêmes hommes
qui attireront sur vous tous les maux de
la guerre : ils traitent le peuple aujour-

d'hui comme un fier lion qu'on flatte pour l'enchaîner. Jetez les yeux sur la Champagne. Des champs incultes, des villages abandonnés et détruits, des hameaux dont quelques murs enfumés attestent l'existence ; tels sont les résultats de la clémence des alliés. Ne relevez point vos habitations, portez plus loin vos chaumières ; que dès l'âge le plus tendre vos enfans soient conduits sous ces débris : montrez-leur cette cendre, elle couve des vengeurs. C'est du sein de ces ruines que sortiront des légions. La puissance nationale renaîtra comme renaissait jadis le sphinx de sa cendre.

Peuple de la frontière! ne vous étonnez pas si vous n'avez pas éprouvé tous les maux qu'ont soufferts vos frères de l'intérieur ; on vous réservait l'honneur d'être Allemands, on ménageait en vous sa propriété. Je suppose un instant, pardonnez-moi cet outrage, je suppose que vous soyez assez peu sensible au nom glorieux de Français pour attendre paisiblement le joug de l'étranger. Tournez vos regards vers les départemens du Rhin, vers ceux de la Belgique : depuis plus d'un an les alliés y vivent sur le pied de guerre, les habitans succombent sous le poids des contributions. En vain ils sont Anglais, en vain ils sont Prussiens, le militaire vit chez eux à discrétion.

Ah ! que le sort du soldat est préférable à celui de l'habitant d'un pays envahi ! il ne juge pas au loin le son de l'airain libérateur, il porte lui-même les coups décisifs ; il ne languit pas dans l'incertitude, il ne cesse d'être libre qu'avec la mort ; il se refuse souvent le nécessaire ; il souffre de la rigueur des saisons ; mais son cœur n'est pas déchiré à la vue d'une épouse insultée, d'un père sexagénaire expirant sous le bâton. Combien de triomphes rachètent ses souffrances ! Quel gloire accompagne sa marche ! Alsaciens ! quels honneurs n'auriez-vous pas rendus au régiment qui le premier, descendant des montagnes, vous aurait ramené ces couleurs tricolores et cette aigle chérie que nous revoyons avec tant de joie! La population entière se serait portée au-devant de lui aux cris de *vive l'Empereur!* Est-il une sensation qui se puisse comparer à celle qui nous unit, citoyens et soldats, lorsque les braves dragons de Milhaud vinquirent sous nos yeux! N'attendons plus l'outrage dans nos foyers. Que j'eusse été plus heureux si l'année dernière le sort ne m'avait point attaché dans la maison paternelle; si je ne m'étais cru plus utile à ma famille qu'à mon pays!

Il retentit encore à mon oreille l'airain victorieux du génie de la France, ses coups redoublés me promettent l'arrivée du héros. Aux premiers rayons du jour je gravis la colline voisine, et du sein de la forêt mon regard parcourt les bords fertiles de la rivière qui serpente dans la plaine. Mes yeux étaient remplis de larmes; je frémissais d'enthousiasme et d'espérance, et, pareil au législateur des Hébreux, levais les mains au ciel pour obtenir la victoire.

Déjà le canon gronde de plus près , déjà fuient de toutes parts nos lâches oppresseurs :

> Sion, le jour approche où le dieu des armées
> Va de son bras puissant faire éclater l'appui,
> Et le cri de son peuple est monté jusqu'à lui.

En effet nos braves ressemblaient aux anges exterminateurs que le Seigneur envoyait jadis au secours de son peuple. Bientôt j'entends la mousqueterie ; elle approche, et le feu déchirant et précipité de nos bataillons m'annonce que nous allons être au milieu de nos frères. Où courent donc ces légions allemandes ? Auraient-elles aperçu les bonnets à poil de la vieille garde? Ah ! sans doute l'Empereur commande lui-même nos libérateurs. Amis, nous sommes sauvés, je vois descendre des sommets opposés une forêt de baïonnettes resplendissantes. Encore un jour, un seul jour, et nous serons au milieu de nos frères, et nous combattrons avec eux.

Vain espoir ! L'allégresse des traîtres m'apprend que la victoire est aux fuyards, la retraite aux vainqueurs. Bientôt Napoléon dit à la France un adieu déchirant ; des Cosaques campent au Champ-de-Mars ; des Russes, des Allemands, des Prussiens sont les maîtres de la capitale. Cependant un bataillon de braves accompagne l'Empereur ; il consent à s'exiler plutôt que de répandre du sang inutilement. Heureux guerriers, jamais vous n'avez porté des couleurs imposées par l'étranger ; les aigles vous ont toujours guidés sur le chemin de l'honneur. Vous ignorez encore les outrages, et du haut de votre roche vous regardiez l'agitation de l'Europe du même œil que vous voyiez se briser les vagues contre l'île. Puisse la France vous élever une modeste colonne ! Qu'on y lise vos noms ; car la mémoire des hommes est trop incomplète, trop faible pour les retenir tous. Que l'image de celui que vous nous avez conservé soit placé au sommet avec cette inscription :

*Si fractus illabatur orbis,*
*Impavidum ferient ruinæ.*

Ah ! si vous avez lu ces journaux mensongers qui nous peignaient dans l'ivresse
lorsque la France était en deuil, ces pam-
phlets qui répétaient sans cesse qu'elle
s'unissait avec transport au Roi qu'on ve-
nait de lui donner, vous n'avez pas oublié
que l'on présente à l'autel, parée des
mêmes atours, la jeune épouse qui s'unit
à l'objet de ses vœux et celle qu'on arrache
à son amant pour la faire passer dans les
bras d'un mari qu'elle n'a point choisi ;
vous n'avez pas oublié que le *oui* qui sort
du cœur et celui que ses lèvres prononcent
se disent dans la même solennité. Non,
vous n'avez point accusé vos compatriotes
et vos frères ; vous saviez trop les sentimens
dont ils sont animés.

Et vous, Napoléon, dont la vie n'a été
qu'une suite de triomphes ; vous qui por-
tâtes la gloire du nom français de la mer
Rouge à la mer du Nord ; vainqueur des
peuples, soyez-en désormais l'amour. Sur-
passez la renommée du bon Henri, comme
vous avez surpassé ses victoires ; et, devenu

notre premier citoyen , ne dédaignez pas de prendre dans nos cœurs la place qui vous y attend. Deux fois l'expérience vous a prouvé que l'amour du peuple était la plus grande force du souverain. C'est parce que d'indignes flatteurs vous ont caché la vérité, que ce peuple, qui se serait armé , vous a laissé partir pour l'île d'Elbe ; c'est parce que ce peuple vous désirait pour le sauver de l'oppression , que vous êtes remonté sur le trône. Ah ! puissiez-vous l'occuper comme Titus, comme Trajan ! Qu'il ne soit désormais pas besoin de chercher un Henri IV dans la famille des Bourbons, pour faire couler des larmes d'attendrissement !

Je n'ai pas besoin , mes concitoyens , de vous peindre quelle serait notre situation si cette dynastie revenait ; rappelez-vous seulement comme ils ont imité ce bon Henri, qu'ils allaient chercher dans les siècles passés , pour nous faire apercevoir que leur famille avait produit de grands hommes ! Etait-ce donc l'imiter que d'op-

primer la liberté des cultes, que de sou-
doyer des journalistes pour insulter à tout
ce que la nation avait de respectable ; que
de donner des inquiétudes sur les biens
nationaux, pour en diminuer la valeur ?
Vous ne doutez pas que la force seule peut
ramener les Bourbons ; ceux qui ne crai-
gnent pas de reconquérir un trône en por-
tant la guerre sur le sol natal, se feront-
ils scrupule d'employer la rigueur contre
ceux que leur attachement à l'Empereur a
signalés ? Pardonneront-ils à l'armée de
les avoir abandonnés ? aux propriétaires,
d'avoir voulu conserver leurs domaines ?
Non, sans doute, leur joug serait celui de
l'étranger ; et la faible partie de la monarchie qui leur serait accordée, verrait des
Allemands, des Russes, des Anglais punir
ses guerriers d'avoir vaincu ses citoyens,
d'avoir été libres ; et ses magistrats, de
n'avoir pas excité la guerre civile.

Loin de nous ces images. Si l'ennemi
se présente aux frontières, que la population s'y montre tout entière ; qu'il la

voie et tremble de nous attaquer. S'il porte sur notre territoire un pied sacrilége, sacrifions nous-mêmes les premières habitations qu'il souillera de sa présence : elles sont d'un prix bien vil en comparaison de l'honneur et de la liberté (1) ; que partout retentissent ces mots : *aux armes!* Alors l'ennemi ne s'avancera qu'en tremblant et d'un pas mal assuré. S'il fait de faibles progrès, qu'il nous trouve sur ces montagnes inaccessibles qui séparent l'Alsace de la Lorraine ; qu'il nous trouve dans ces défilés étroits, les Termopyles de la France. Là ses équipages ne pourront marcher qu'avec un grand nombre de soldats ; là, quand il fuira épouvanté d'avoir rencontré notre brave armée, nous lui couperons toute retraite (2). Vous l'avez vu l'année

---

(1) La nation entière se cotiserait pour rebâtir quelques villages, s'ils montraient ce noble dévouement.

(2) Voilà comme peuvent faire la guerre ceux

dernière, une colonne française s'avance jusqu'auprès de Nanci ; il suppliait avant que d'être attaqué, il croyait trouver la mort chez l'habitant ; les arbres des montagnes lui semblaient des légions de partisans. Ah ! si la guerre d'Espagne a fatigué la plus valeureuse nation de l'univers, cette nation elle-même ne saurait-elle pas défendre ses foyers ? Maîtresse jadis de la terre, la France serait esclave aux bords de la Seine ! Non, mes compatriotes, nous saurons vaincre ou périr, j'en atteste les regrets que vous exprimiez encore il y a quelques jours. Que n'avions-nous, disiez-vous, un faible corps d'armée ! pourquoi le maréchal Augereau n'est-il pas venu en Alsace ! nous aurions su combattre pour l'Empereur. Hé bien ! vos vœux sont accomplis : Napoléon est sur le trône, ses soldats vous soutiendront. Choisissez de la

---

que l'inexpérience des combats empêche de se mettre en ligne avec les régimens.

liberté ou du joug étranger, de la gloire ou du déshonneur, et sachez vaincre ou sachez périr.


# FIN.

www.ingramcontent.com/pod-product-compliance
Lightning Source LLC
LaVergne TN
LVHW050222180726
843501LV00013BA/2220